nickelodeon

PAW PATROL

¡Mascotas en apuros!

Título original: *Pups Save the Parade*
Primera edición: septiembre de 2018

Publicado por Penguin Random House Grupo Editorial, S. A. U.
Travessera de Gràcia, 47-49. 08021 Barcelona

Realización editorial: MYR Servicios Editoriales S. L.
Con la colaboración de Daniel Cortés

ISBN: 978-84-488-4805-7
Depósito legal: B-10771-2018
Impreso en Soler - España
BE48057

Hoy es el Día de Bahía Aventura, y los cachorros están poniendo a punto sus vehículos para el desfile.

—¡Qué carroza pirata tan chula, Zuma! —dice Chase—. Y tu helicóptero, Skye...

—¡... está desmontado! ¿Seguro que acabaréis a tiempo para el desfile?

—Sí, solo tenemos que recolocar las piezas —le explica Ryder.

—Y luego, ¡a volar se ha dicho! —exclama Skye, haciendo una cabriola.

Mientras tanto, en la Calle Mayor, Alex ayuda a Katie a decorar su carroza bañera. Pero Alex le ata tantos globos ¡que la carroza empieza a flotar por los aires!

—¡Demasiados globos! —dice Alex mientras la bañera se va con Cali y Chickaletta dentro.

Katie, Alex y la alcaldesa Goodway echan a correr detrás, pero la carroza vuela cada vez más lejos hasta que ¡CLOC!, se queda enganchada en el anuncio del puesto de refrescos.

—¿Qué vamos a hacer? —se pregunta la alcaldesa Goodway.

—¡Ya sé! —exclama Alex—. ¡Hay que llamar a la Patrulla Canina!

La alcaldesa coge enseguida su teléfono.

—¡Ryder, necesitamos ayuda!

—No hay nada imposible para la Patrulla Canina —dice Ryder, y pulsa un botón de su PawPad—. ¡Patrulla Canina, al Centro de Mando!

—La carroza de Katie se ha quedado enganchada, y Cali y Chickaletta están dentro —explica Ryder a los cachorros.

—Marshall, necesito que vayas con tu escalera para bajarlas. Y Chase, tú despejarás la zona.

—¡A toda mecha! —ladra Marshall.

—¡Chase siempre listo! —exclama el cachorro policía.

—¡Patrulla Canina, todos a una! —grita Ryder.

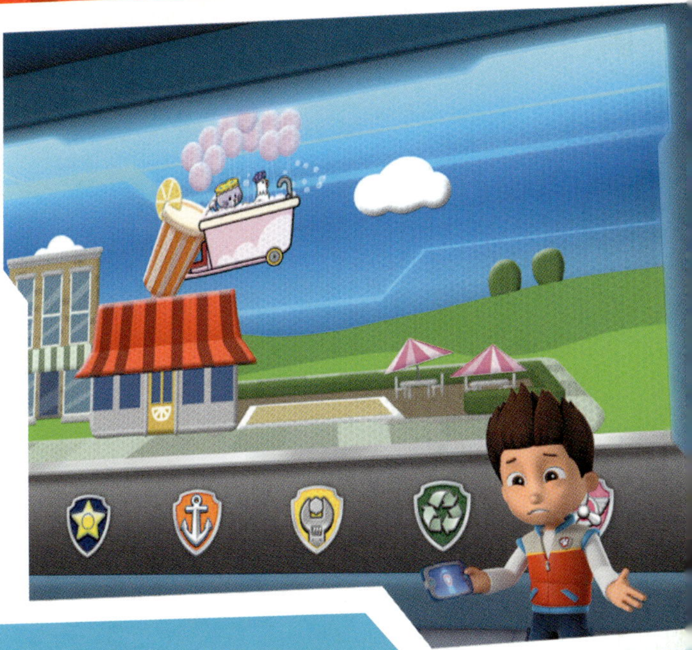

Cuando llegan, Chase coge su megáfono y los conos de tráfico para despejar la zona y dejar un espacio libre para que la carroza pueda bajar.

—¡Despejen la zona! —avisa Chase.

Marshall aparca el camión de bomberos enfrente del puesto de refrescos y empieza a subir por su larga escalera.

—¡Cali, Chickaletta! —las llama—. ¡Os voy a ayudar a bajar!

Pero cuando Marshall se acerca a Chickaletta, la carroza se bambolea y Cali le salta a la cara.

—¡Uf! ¡No veo nada! —exclama Marshall, que empieza a rodar dentro de la bañera... ¡que se desengancha del puesto de refrescos!

La carroza flota ahora en dirección al desfile de globos gigantes.

—¡Hala! —exclama Marshall mientras pasa volando junto a los globos—. ¡Es un enorme... YO! ¡Cómo mola!

La carroza deja atrás los globos gigantes y... ¡CRASH!, choca con la torre del Ayuntamiento. ¡Cuidado! ¡Chickaletta se ha caído de la bañera!

—¡La red! —grita Chase.

Rápidamente, lanza una red desde su mochila para que Chickaletta no se haga daño.

La gallina rebota en la red y cae en brazos de la alcaldesa Goodway.

—¡Salvada! —dice la alcaldesa, contenta.

Pero la carroza sigue en la torre... ¡y está empezando a inclinarse! Marshall se queda colgando del borde, con Cali agarrada a su cola.

—¡Socorro! —exclama Marshall—. ¡No me vendría mal una ayudita!

Sin perder un segundo, Ryder saca el Paw Pad.

—¡Skye, tienes que ir al Ayuntamiento a rescatar a Marshall y a Cali! ¡Date prisa!

—¡Allá voy, Ryder! —contesta Skye–. ¡El helicóptero ya está listo!

—¡A volar se ha dicho! —exclama Skye, y despega en busca de Marshall.

—¡Skye! —la llama el pequeño dálmata al verla acercarse—. ¡Justo a tiempo!

Skye deja caer una cuerda desde el helicóptero.

—¡Agárrate! —le dice a Marshall.

—¡Mira, sin patas! —exclama él.

Acto seguido, Marshall salta al vacío y atrapa con los dientes la barra que hay en el extremo de la cuerda. ¡Y abajo, todos sueltan un suspiro de alivio!

Skye baja el helicóptero para soltar a Marshall y a Cali en el suelo, en medio del cerco de conos que ha creado Chase.

—¡Ya estáis a salvo! —dice Chase—. ¡Y justo entre los conos!

—¡Viva! —exclama Marshall.

Cali salta a los brazos de su dueña.

—¡Cali! —grita Katie—. ¡Cuánto me alegro de que estés bien!

Pero la bañera sigue flotando por los aires. Chase echa a correr de acá para allá y dispara pelotas de tenis a los globos.

¡PUM! ¡PUM! ¡PUM!

Conforme explotan los globos, la carroza va bajando lentamente al suelo.

—¡Chase... siempre... listo! —resopla el cachorro cuando la carroza aterriza al fin.

—¡Muchísimas gracias, Ryder! —dice la alcaldesa Goodway.

—¡Y gracias a vosotros, Patrulla Canina!

—No hay de qué —responde Ryder.

Ahora que todos se han recuperado del susto y las carrozas están listas, ya puede empezar el desfile del Día de Bahía Aventura.

—¡Patrulla Canina, a vuestras carrozas! —grita Chase por el megáfono.

Ryder coge el PawPad y dice:

—¡Cuando quieras, Skye!

—Vale, Ryder. ¡Me encanta VOLAR! —grita Skye mientras cruza los cielos, dejando un rastro de humo de colores a su paso.

—¡OOOH! —exclama el público desde el suelo al ver que Skye ha dibujado el símbolo de la Patrulla sobre el desfile—. ¡Viva Bahía Aventura, y viva la Patrulla Canina!